POSE ET BÉNÉDICTION

DE LA

PREMIÈRE PIERRE

DU

NOUVEL HOPITAL

FONDÉ A PONT-DE-VAUX

PAR M. MICHEL POISAT,

ANCIEN DÉPUTÉ DE L'AIN.

2 NOVEMBRE 1865.

BOURG,

IMPRIMERIE MILLIET-BOTTIER

1865.

FONDATION
DU NOUVEL HOPITAL
DE PONT-DE-VAUX.

La commune de Saint-Bénigne, près Pont-de-Vaux, possédait il y a peu de temps encore une petite église, insuffisante pour sa population, aux murs dégradés par le temps, au clocher décapité par la Révolution. Aujourd'hui le vieil édifice s'est transformé; il étale l'élégante sévérité de son architecture romane, l'éclat de ses vitraux et la richesse de ses peintures murales. Sa flèche en pierre, haute et fière, se dresse dans les airs.

Autour de l'église, un cimetière bien modeste, bien étroit, dispensait d'une manière avare sa dernière demeure au pauvre mourant, et menaçait, parfois, aux jours d'épidémie, la santé des survivants. Aujourd'hui une nouvelle terre sainte vaste et close, sagement distante des habitations offre ses larges gazons et l'ombre de ses cyprès à ceux qui s'endormiront du dernier sommeil.

A quatre kilomètres de là s'élève l'Hôtel-Dieu de Pont-de-Vaux. Les bâtiments anciens qui le composent ne présentent aux malades qu'un asile insuffisant. L'air et la lumière n'y arrivent qu'en trop faible mesure. Un nouvel Hôpital, vaste et salubre, va remplacer le vieil édifice.

A l'heure qu'il est, l'Eglise reçoit sa dernière parure.

Le Cimetière nouveau consacré et béni est prêt à remplir son funèbre office.

L'Hôpital de Pont-de-Vaux est fondé.

Or, cette Eglise, ce Cimetière, cet Hospice, sont les dons généreux d'un enfant du pays, qui, riche des œuvres d'une carrière brillamment parcourue, a voulu répandre sur sa terre natale le fruit de son travail et de son intelligence.

Le 2 novembre, une population émue et reconnaissante jetait dans les airs, avec des vivats, le nom de ce généreux donateur, M. MICHEL POISAT, ANCIEN AFFINEUR DE MÉTAUX PRÉCIEUX, ANCIEN DÉPUTÉ DE L'AIN. Combien les élans de la reconnaissance publique ont dû toucher son cœur au moment où sa main posait la première pierre du nouvel Hôpital de Pont-de-Vaux et où le clergé la bénissait, en présence de la foule immense accourue à cette cérémonie.

Dès le matin, en effet, cette jolie petite ville s'était mise en fête; les rues étaient pavoisées de drapeaux; les Sapeurs-Pompiers, ayant à leur tête l'excellente Fanfare de la ville, reçurent le cortége à l'Hôtel-de-

Ville et le conduisirent à l'Eglise, où se célébrait un service funèbre en l'honneur de la mémoire de l'épouse si regrettée de M. Michel Poisat.

Après la messe basse, pendant laquelle la Fanfare avait exécuté de religieuses symphonies, le cortège s'est rendu processionnellement et musique en tête vers l'ancien cimetière, à l'extrémité du grand faubourg, à droite de la route de Saint-Trivier, sur l'emplacement désigné pour le nouvel Hôpital.

Une tente avait été dressée; des estrades ornées de drapeaux et de guirlandes verdoyantes s'élevaient pour recevoir les invités. A la chaîne d'un treuil pavoisé de fleurs se balançait la pierre qui, descendue en place, devait couvrir et conserver la boîte de plomb destinée à garder dans ses flancs les témoignages de la fondation qui allait s'accomplir.

M. Charles Martin, architecte du département de l'Ain, chargé de la construction du nouvel Hôpital, attendait à la tête de ses ouvriers.

Reçu par lui, M. Michel Poisat se rendit sur l'estrade où il fit mettre aux places d'honneur, M. le curé, M. le maire de Pont-de-Vaux, le général André, le colonel de Grippière, le commandant Crestin, etc., etc. A droite, se trouvait le clergé de Pont-de-Vaux et les nombreux curés du canton, venus à la cérémonie; à gauche, les Sœurs hospitalières de l'Hôpital et les Dames de charité. Derrière, sur l'estrade, les membres de la Commission administrative de l'Hôpital, les membres du Conseil municipal de Pont-de-Vaux, auxquels s'étaient joints les Maires du canton, les fonctionnaires de la ville et les notables habitants. La haie formée par les Pompiers maintenait avec peine la foule énorme qui entourait le lieu de la cérémonie.

M. Michel Poisat, se levant, prit alors la parole et s'exprima en ces termes :

Messieurs,

De tout temps, les habitants de notre ville se sont montrés pleins de charité pour venir en aide aux malheureux; notre Hôtel-Dieu a toujours inspiré à tous les plus vives sympathies : la preuve en est dans les riches dotations que nos pères lui ont attribuées et qui lui constituent dès à présent un revenu suffisant pour donner largement le nécessaire à la population indigente. Il est vrai que ce résultat est dû beaucoup aussi à la sage Administration qui préside à l'emploi de ce revenu, comme à la capacité et au dévouement des chères Sœurs Hospitalières, dont, par d'heureuses circonstances, toutes les Supérieures ont été des modèles de piété et de talent dans la haute direction qui est leur attribution.

Sous le rapport de son état financier, comme sous celui de son administration, notre Hôtel-Dieu est donc dans les plus favorables conditions, relativement à l'importance de notre ville.

Il n'en est pas de même quant à l'édifice qui est très-ancien, et qui a été appliqué à cet emploi dans un temps où les établissements hospitaliers n'avaient pas d'autre ressource que la charité quotidienne, qu'on cherchait à exciter par la vue de la misère et des souffrances des pauvres malades. De là est venue la distribution locale de presque tous les anciens hôpitaux de notre pays : la plupart figurent une grande nef avec des corps latéraux, dans lesquels les lits des malades sont symétriquement rangés le long des parois, en laissant dans le centre un large emplacement pour l'autel principal, où se font toutes les cérémonies et les prières du culte : le public y est admis en prenant place dans la grande nef et dans les corps latéraux : il est en contact direct avec les malades, qu'il trouble par des allées et venues continuelles et bruyantes, en gênant tous les services pendant les offices. Les malades eux-mêmes sont quelquefois péniblement frappés de la célébration des offices funèbres dont ils voient les tristes apprêts, en même temps qu'ils en entendent les chants et les prières.

Cette digression, Messieurs, n'est pas faite ici pour établir que l'on doit priver les malades de la vue des saintes cérémonies de la religion et leur enlever la consolation qu'ils éprouvent en y participant : bien loin de là ! elle n'a d'autre but que de signaler le système ancien qui avait sa raison d'être autrefois, mais qui ne l'a plus, maintenant que nos hôpitaux ont un budget régulier par leurs revenus, et au besoin par des subventions des communes.

Ces remarques, et plusieurs autres très-graves qui tiennent à la situation même de l'emplacement et aux vieilles dispositions de notre Hôtel-Dieu, n'avaient point échappé à la sollicitude éclairée de nos Administrateurs. En principe, après de longs examens, ils avaient décidé que la très-importante question du déplacement de l'édifice et sa reconstruction hors du centre de la ville, dans un local sain et bien aéré, était adoptée. Des ordres en conséquence furent donnés aux architectes, des plans complets furent exécutés par les soins de ceux-ci et approuvés par le Conseil d'administration : les choses étaient donc bien avancées; mais après avoir étudié les devis et les avoir comparés avec les ressources du revenu et du capital, le Conseil, dans son bon esprit, apprécia que pour donner aux malades un peu plus de bon air et de lumière, il s'exposait à ne plus pouvoir leur continuer les larges et suffisantes distributions qu'il leur accorde maintenant : en un mot, pour avoir les avantages nouveaux qu'on recherchait peut-être avec raison, il fallait absolument vendre une partie notable des immeubles de notre Hospice, et sacrifier le nécessaire pour ainsi dire au superflu.

Je dis ce mot, car ce qui est réellement utile, indispensable aux malades, nous l'avons dans notre hôpital actuel, dont les dispositions ne sont pas parfaites, mais qui, dans son état, est supérieur à ceux de bien des villes plus importantes, et aurait pu longtemps encore donner des résultats suffisants.

La vente nécessitée d'une partie des propriétés de l'Hospice a fait, avec grande raison, suivant moi, reculer le Conseil d'administration ; car, outre que la mesure amoindrissait les revenus, elle allait contre le sentiment de respect que nous devons aux volontés de ceux qui ont donné de leur bien à notre Hôtel-Dieu ; c'est mon simple avis. D'après ces sages raisons le Conseil, quoiqu'à regret, renvoya définitivement à des circonstances plus favorables ses excellentes intentions de doter ses chers malades d'un peu plus de soleil, d'air et de lumière que le local actuel n'en comporte.

J'ai suivi alors avec le plus grand intérêt les phases de cette longue étude, et mon digne père, qui avait l'honneur d'être membre du Conseil de l'Hôpital, m'a pour ainsi dire légué le soin pieux de m'en occuper aussi. Cette noble partie de son héritage, je la revendique aujourd'hui ; et je suis heureux qu'en bénissant mes travaux Dieu m'ait donné la possibilité de réaliser les intentions si charitables des administrations qui se sont succédées, les souhaits de mes chers compatriotes, et un bien-être réel pour nos intéressants malades, sans qu'il leur en coûte la moindre privation de ce bien-être matériel auquel vous les avez habitués.

La réalisation de cette pensée, que ma digne et si regrettable épouse partageait dès longtemps avec moi, est le motif qui nous réunit aujourd'hui dans cette cérémonie de famille à laquelle notre Municipalité donne son appui, et notre vénérable Clergé ses bénédictions et ses prières, que Dieu exaucera, puisque c'est en faveur de ses privilégiés, de ceux qu'il aime et qui souffrent, que nous les demandons.

Un Hôtel-Dieu modeste, mais bâti suivant les prescriptions hygiéniques que la science moderne a ajoutées aux établissements que l'élan de la foi de nos pères leur faisait construire pour ne presque donner que l'aumône du pain et du toit aux pauvres malades, s'en rapportant presque exclusivement à la grâce de Dieu pour le reste ; un Hôtel-Dieu modeste, dis-je, s'élèvera ici, près de cet ancien cimetière où, pendant des générations, les ossements des nôtres ont été apportés en terre sainte, en face d'une place publique, le long d'une de nos principales routes, et assez proche de toute la ville pour que les malades puissent facilement recevoir les visites des leurs en même temps que les soins empressés qui ne leur manqueront jamais.

Entrons donc, chers concitoyens, dans cette voie des améliorations de notre chère petite cité, dont je suis si heureux de pouvoir fournir un exemple aujourd'hui ; ses habitants sont disposés à les apprécier et, en présence des grandes choses qui se font presque partout, ils ne peuvent renoncer à l'épithète que nos géographies classiques donnaient à Pont-de-Vaux : Jolie petite ville de Bresse.

L'Hôpital transporté donne lieu à une série de notables transformations qui pourraient s'accomplir au grand avantage de tous ; mais déjà j'entends la voix, je devine la pensée de beaucoup d'entre vous, Messieurs, la grande objection surgit partout : Et l'argent ?

De même, Messieurs, que le véritable progrès s'est manifesté en bien des choses utiles qui sont d'un usage indispensable maintenant, de même la science du maniement de la fortune publique a largement progressé; et telle ville qui autrefois marchait péniblement, dans la plus grande gêne, avec de mesquins emprunts à de très-courtes échéances et suffisant à peine à l'entretien de la propreté de ses rues, sans jamais rien faire de grand ni d'utile, trouve maintenant dans la pratique des idées financières déjà ratifiées par l'expérience les moyens d'assurer le présent sans nuire en rien aux choses de l'avenir.

Sans vouloir développer ici des théories financières que personne ne conteste plus, auxquelles nous devons les chemins de fer dans presque tous les pays, des entreprises de toutes les importances, les incontestables avantages de nos grandes villes, et avant tout cela la gloire et la puissance de la France, je vous dirai seulement que ces résultats merveilleux ne peuvent être obtenus que par la plus stricte économie des deniers et des dépenses publiques. Le moyen de participer à ces avantages qui nous semblent fabuleux, c'est d'obtenir à force d'ordre et d'économie dans l'administration de la fortune municipale, sans augmenter les impôts locaux, une somme excédant les dépenses indispensables de la cité, ses frais généraux et obligés dans son budget.

Cette somme excédante, au lieu de l'employer très-mesquinement, puisqu'en général elle n'est pas forte, vous la consacrez au service des intérêts d'un emprunt que les grands établissements, sous le patronage du gouvernement, vous offrent et vous facilitent à long terme.

Je suppose une ville qui a 45,000 fr. de rentes, en un revenu bien établi : à force d'économie dans ses dépenses ordinaires, avec les soins les plus méticuleux pour empêcher qu'il ne se glisse dans son budget les plus minimes articles inutiles, elle arrive à ne dépenser que 30,000 fr. par année ! Restent 15,000 fr. : avec cette somme elle fera face aux charges d'intérêt et d'amortissement annuels d'un emprunt de 250 à 300,000 fr., qu'elle peut employer immédiatement à des établissements publics utiles et souvent profitables à son budget; elle n'a pas à rembourser la somme, elle paie seulement chaque année les intérêts et l'amortissement du capital obtenu !

Quelle ressource, Messieurs, présenterait une telle combinaison à une ville comme la nôtre, où il y a tant à faire de choses utiles !

Pardon, mes chers compatriotes, de ce long exposé; mais vous me le permettez, n'est-ce pas? C'est le fruit de ma vieille expérience des affaires qui, en me montrant tous les avantages de l'ordre et de l'économie, m'a aussi appris le bon emploi qu'on pouvait en faire, en s'écartant des routines qui ont paralysé tant de capitaux, et d'opérations auxquelles ces capitaux auraient pu donner la vie !

Voilà, mes chers compatriotes, le fond de ma pensée, ce que je crois le mieux dans vos vrais intérêts du présent et de l'avenir; mais les théories financières nouvelles, quelque bien qu'elles puissent produire, ne pénètrent pas facilement dans nos habitudes. Je craindrais en insistant trop qu'on se méprit sur mes vraies intentions et qu'on ne supposât, comme cela est arrivé déjà peut-être, que j'ai envie de lancer notre budget municipal dans des voies hasardeuses qui auraient pour résultat d'accroître les charges de la ville, d'augmenter par le fait les impôts. Telle n'a jamais été ma pensée ni mon désir et malgré les délibérations favorables du précédent Conseil municipal, qui m'a aidé avec tant de zèle et de bienveillance à faire réussir les projets que je lui ai soumis et les conditions qui en étaient la conséquence, ce dont je suis si heureux de le remercier aujourd'hui, ainsi que M. le Maire qui le présidait alors, je viens vous déclarer que je renonce dès à présent à toutes les combinaisons financières que j'avais proposées corélativement aux engagements formels que je prenais et que le Conseil avait acceptées régulièrement, ne voulant en rien imposer à la ville un système qui n'aurait pas la complète approbation de tous.

Je veux au contraire, mes chers compatriotes, que votre administration reste entièrement, parfaitement libre de faire ou de ne pas faire ce que je lui avais demandé ou d'en réaliser tout ou partie dans les circonstances, temps et heures qui lui conviendront. J'ai donné déjà à cet égard, à qui de droit ma rénonciation aux résultats acquis par de précédentes délibérations. Ce qui reste invariable, ce sont les engagements que je suis heureux de maintenir.

Ainsi toute liberté pour vous, engagement pour moi seul, tel qu'il est formulé dans une récente délibération.

Maintenant, Messieurs, inclinons-nous, unissons nos prières à celles qui vont recommander à Dieu notre œuvre; j'y joindrai la mienne pour qu'il me conserve l'amitié et l'estime de mes concitoyens qui m'ont toujours traité comme un enfant bien aimé du pays, en me portant à tous les honneurs que le suffrage le plus flatteur peut accorder.

Que ce modeste édifice soit à toujours un gage de ma sincère reconnaissance pour tous ! Bientôt, je l'espère, après cette cérémonie, dans le temps nécessaire, nous nous rassemblerons à pareille fête pour sa consécration ; le même esprit nous y réunira.

Ces paroles si profondes et si sages, affirmant une si splendide donation, prononcées d'une voix émue, furent couvertes des applaudissements les plus éclatants ; la foule au loin répétait, en l'acclamant, le nom de M. Poisat.

M. André, maire de Pont-de-Vaux, répondit ainsi qu'il suit :

Monsieur,

Comment vous exprimer tous les sentiments de gratitude et de reconnaissance que vos bienfaits et vos généreuses intentions nous inspirent !

A une époque qui remonte à quelques années, votre digne et très-regrettée épouse a posé les jalons de l'hôpital que vous allez édifier.

La salle d'asile et l'ouvroir auraient suffi pour vous graver l'un et l'autre dans la mémoire des malheureux.

L'emploi généreux que vous avez fait et que vous voulez faire d'une partie de votre fortune, pour doter notre pays d'institutions et de monuments utiles à sa population, vous met à la première place des il ustrations dont il s'honore.

Organe de mes concitoyens, je vous adresse de nouveau tous nos remerciements et les vœux sincères que nous faisons pour votre conservation.

Vous nous jugez bien, Monsieur et cher compatriote, lorsque vous nous dites qu'en vous désistant des obligations que vous vouliez d'abord imposer à notre ville, vous laissez son administration libre de proposer au Conseil municipal l'exécution des plans d'amélioration et d'embellissement de ses monuments.

Oui, elle le fera ; il n'y aura de différence avec votre premier projet que dans le délai de son accomplissement.

Nos dettes éteintes, nous pourrons alors faire un nouvel appel à l'emprunt, sans dépasser toutefois les prévisions que la prudence nous suggérera en vue de toute espèce d'éventualité.

Notre ignorance en matière d'opérations financières nous rend fort timides quand il s'agit d'aliéner l'avenir de notre pays.

Soyez donc indulgent et ayez confiance dans l'engagement d'honneur que nous prenons avec vous de réaliser vos idées régénératrices quand le moment opportun sera venu.

M. le Maire avait parlé au nom de tous, les bravos qui accueillirent ses paroles lui ont prouvé qu'il avait fidèlement traduit la pensée de ses administrés.

A son tour, M. le curé, s'adressant à l'assistance entière, s'exprima en ces termes :

Messieurs,

Nos espérances aujourd'hui s'accomplissent. Une magnifique demeure va s'élever pour recueillir nos pauvres et nos malades, et cet édifice sera dû tout entier à la libéralité d'un bienfaiteur. Tous, émus et touchés, nous sommes accourus à cette cérémonie, la ville a déployé ses pompes, les communes ont envoyé leurs maires, et le vénérable clergé du canton a voulu rendre hommage à des intentions chrétiennes si bien en harmonie avec sa mission sacerdotale.

Je recueille, Messieurs, tous vos sentiments dans mon cœur, et, ministre de l'église appelé pour bénir, je les offre avec mes vœux et j'en fais une prière !

Que Dieu daigne protéger l'œuvre que nous consacrons, qu'il bénisse le chrétien généreux qui l'a voulue, les mains habiles qui l'édifient, et l'administration chargée du pieux héritage des pauvres ! Qu'il étende au loin dans l'avenir ses bénédictions sur tous les malheureux qui recevront ici le soulagement de leurs souffrances.

Tous les monuments, Messieurs, ont un sens glorieux et populaire : les pierres s'animent par une inspiration humaine et traduisent toujours une pensée. *Ces pierres le crieront :* c'est la charité qui élève un monument nouveau de son triomphe. Le prêtre de Jésus-Christ peut parler ici de cette auguste vertu, comme le soldat au pied de l'arc de triomphe peut exalter l'honneur de la victoire.

C'est la charité qui soutient les mœurs publiques dans les sociétés modernes et nous préserve des ruines qu'y produiraient, sans elle, le redoutable mouvement des fortunes et la violence des aspirations au bien-être.

Nous avons arraché à la nature ses secrets, ravi ses forces, et des éléments les plus redoutables fait des serviteurs dociles des goûts et des besoins de notre civilisation ; les arts multiplient leurs merveilles, l'industrie ses richesses; l'instruction élève les classes populaires aux jouissances de l'esprit. Que serait-ce, sans la charité, que ces progrès et ces magnifiques conquêtes ? Si trois paroles n'étaient tombées de la bouche de Jésus-Christ : *Aimez-vous les uns les autres*, et n'étaient devenues la formule de la fraternité des hommes, nous gémirions encore sous l'ignominie des mœurs antiques.

Les nations des premiers âges ont été savantes, polies, organisées avec une habileté qui nous étonne, et pourtant la souffrance y était sans soulagement, la pauvreté sans respect et la vie humaine le plus vil jouet de passions meurtrières. Les malades mouraient sur la voie publique, les esclaves devenus vieux périssaient abandonnés dans des iles désertes, les enfants mal nés, subissaient par la faim, le trépas comme le terme naturel de leur existence ! Que d'horreurs qui soulèveraient aujourd'hui la conscience publique.

Je le revendique, Messieurs, comme un honneur dû à Jésus-Christ, c'est par lui que la charité est devenue l'instinct profond, universel de l'humanité régénérée. C'est par lui qu'elle a façonné nos mœurs ; elle règne avec la puissance et la délicatesse d'un sentiment qu'il n'est plus permis de froisser ni de méconnaître. La pauvreté et la souffrance sont environnées partout de dévouements héroïques et touchants ; il n'y a pas un homme qui soit malade, pas un malheureux qui meure, sans que la charité, née du cœur de Jésus-Christ, par sa prévoyance ou ses œuvres, n'ait voulu le consoler ou le sauver !

Que la civilisation marche à ses conquêtes, elle a près d'elle une noble compagne, attentive aux malheureux qui échappent à ses bienfaits, pour les recueillir dans ses pieux asiles. Et là, sous un nom qui rappelle toutes les tendresses de la famille, elle leur prodigue les soins qui guérissent en même temps qu'elle les console par le sentiment de leurs célestes espérances. Que la fortune ait des faveurs imprévues, que la richesse couronne tout-à-coup le travail obscur, ou qu'elle passe en héritage avec l'illustration de la race : inspirée par la charité chrétienne, elle devient l'auxiliaire terrestre de la divine Providence. Il n'y a plus un danger né de l'émulation des classes sociales, ou de l'avidité du bien-être, qui ne soit conjuré, la richesse charitable rapproche d'elle tous les cœurs et les unit dans l'amour et le respect, quand la jouissance egoïste les ont séparés par la défiance et la haine.

La charité est une grande vertu sociale; elle est la vertu nécessaire à nos temps. Aussi le plus haut rang s'en fait gloire, et quand une parole de tendre compassion tombe de lèvres augustes la reconnaisnaissance publique la recueille avec une électrique et avide émotion. Je m'incline devant la charité, comme devant la grande intelligence et j'honore ses œuvres à l'égal des grandes actions.

Nous sommes ici, Messieurs, sur une terre de charité, son histoire y est déjà séculaire.

Il y a 500 ans qu'un premier hospice fut fondé et doté par nos pères, et deux siècles passés que la pieuse mère de Philippe-Eugène de Gorrevod, mue par son amour pour les pauvres, édifia l'hospice qui abrite aujourd'hui nos malades. Haute leçon! Le bienfaiteur, si n'était une ruine voisine, n'aurait qu'un nom perdu dans des archives oubliées, mais son œuvre a duré plus que sa famille ; libéralement accrue par la générosité de nos aïeux, elle subsiste comme le monument d'une patriotique et noble pensée.

Un jour nouveau s'est levé! L'œuvre des ducs de Pont-de-Vaux, continuée par des mains généreuses reçoit un nouvel éclat. La maison des malades se reconstruit avec splendeur; ils auront ici l'air, la lumière, la vue de ce pays superbe, aussi riche de la gloire de ses fils que de la magnificence de ses plaines. Ils auront tout ce que l'amour le plus dévoué et la plus habile prévoyance peuvent inspirer ou donner.

La Providence a tout conduit. Elle a béni l'intelligence et le travail, et environné de la richesse une âme déjà toute ardente de l'amour de la cité natale. Une noble compagne, qui a laissé dans tous les cœurs des regrets que le temps n'a point affaiblis, participait à sa vie de bonnes actions et de projets de bienfaisance ; elle l'inspirait! L'enfance élevée dans nos asiles, l'ouvroir et les écoles gardent cette mémoire vénérée! Mais sa charité lui survit, précieux héritage recueilli par un époux aussi généreux qu'elle-même et qui, fidèle au souvenir autant qu'ami passionné de son pays, scelle aujourd'hui dans le patriotisme, la reconnaissance et l'affection, la première pierre du bel édifice que nous fondons.

C'est sur cette œuvre que je vais appeler les bénédictions du Ciel! Que la Providence seconde vos vues généreuses et leur donne une favorable issue! Qu'elle accueille vos libéralités et vous accorde le bonheur de jouir du bien que vous faites et de la reconnaissance qui vous est due. Cette bénédiction que j'invoque, elle est le cri de tous les cœurs, elle aura son écho dans les Cieux. C'est une grande action que vous accomplissez : ce qui se fait pour la souffrance et la pauvreté est fait à Dieu même. C'est un grand souvenir que vous laissez et qui honorera devant la postérité les splendeurs de votre église de St-Bénigne. C'est une longue reconnaissance que vous allez recuillir des générations ici consolées ou guéries ; jouissez-en déjà dans ce concours affectueux de vos concitoyens et l'éclat de cette fête qui restera, dans nos souvenirs, la date d'un insigne bienfait.

Qu'elle soit donc bénie votre œuvre, et que la grâce du Très-Haut l'environne pour en faire à jamais l'honneur et la durée !

La voix vibrante du pasteur de Pont-de-Vaux, portant à tous ces grands enseignements du passé, et au fondateur-donateur la reconnaissance de l'Eglise en termes si mesurés et si dignes, fit une profonde impression sur l'auditoire.

A ce moment, de nombreux *fac simile* du procès-verbal de la cérémonie du jour furent distribués dans les rangs de la foule assemblée.

Le procès-verbal était ainsi conçu :

CONSTRUCTION
DU NOUVEL HOPITAL DE LA VILLE DE PONT DE VAUX
SOUS LE PONTIFICAT DE SA SAINTETÉ PIE IX
SOUS LE RÈGNE DE NAPOLÉON III EMPEREUR DES FRANÇAIS
Mr VICTOR COLLET CURÉ DE LA VILLE DE PONT DE VAUX
Mr CLAUDE MARIE ALPHONSE ANDRÉ MAIRE DE LA VILLE DE PONT DE VAUX
LE DEUX NOVEMBRE MIL HUIT CENT SOIXANTE CINQ
LA PREMIÈRE PIERRE DU NOUVEL HOPITAL DE PONT DE VAUX
A ÉTÉ POSÉE
PAR Mr MICHEL POISAT
ANCIEN AFFINEUR DE MÉTAUX PRÉCIEUX ANCIEN DÉPUTÉ DE L'AIN ANCIEN MEMBRE DU CONSEIL GÉNÉRAL DE L'AIN OFFICIER DE L'ORDRE IMPÉRIAL DE LA LÉGION D'HONNEUR CHEVALIER GRAND CROIX DE L'ORDRE ROYAL D'ISABELLE LA CATHOLIQUE GRAND OFFICIER DE CHARLES III D'ESPAGNE OFFICIER DE L'ORDRE DE LÉOPOLD DE BELGIQUE CHEVALIER DES SAINTS MAURICE ET LAZARE DE PIÉMONT CHEVALIER DE SAINT STANISLAS ET DE SAINT WLADIMIR DE RUSSIE
ET BÉNITE
PAR Mr COLLET CURÉ DE PONT DE VAUX

EN PRÉSENCE DES MEMBRES DE LA COMMISSION ADMINISTRATIVE DE L'HOPITAL

MM	MM
ANDRÉ CLAUDE MARIE ALPHONSE PRÉSIDENT	GUYON CLAUDE FRANÇOIS
BOUVIER FERRÉOL	MARTIN JULES
ESTIENNE MARIE LOUIS LUCIEN	POIZAT EMILE

DES MEMBRES DU CONSEIL MUNICIPAL DE PONT DE VAUX

MM	MM
ANDRÉ CLAUDE MARIE ALPHONSE MAIRE	GIROUD CHARLES ETIENNE
LAPOSSE CLAUDE ADJOINT	DE GRIPPIÈRE JEAN NICOLAS MAXIMILIEN
BAYLE JEAN MARIE	HERBET FRÉDÉRIC EUGÈNE
BRUN FRANÇOIS	JACQUEROUD CLAUDE MARIE
CAILLOT CHARLES FRANÇOIS	JANAUDY PIERRE LOUIS
CRESTIN ETIENNE CAMILLE HYACINTHE	MEUNIER LOUIS
DUGRET FRANÇOIS	MOREL PIERRE
DUFOUR MICHEL	PELISSON JOSEPH
FRANC ETIENNE	PROMONET BENOIT
GAUTHIER JEAN BAPTISTE THÉOPHILE	TATON FRANÇOIS PHILIBERT

ET DE LA POPULATION EMPRESSÉE DE LA VILLE DE PONT DE VAUX

LA CONSTRUCTION DE CET ÉDIFICE A ÉTÉ OPÉRÉE AUX FRAIS DE Mr MICHEL POISAT QUI A VOULU ASSURER AUX CLASSES PAUVRES DE SON PAYS NATAL EN SOUVENIR DU PROFOND INTÉRÊT QUE LEUR PORTAIT SON ÉPOUSE BIEN AIMÉE ISAÏE URSULE ALEXANDRINE SAINT ANDRÉ UN ASILE PLUS VASTE ET PLUS SALUBRE POUR LE SOULAGEMENT DE LEURS MISÈRES ET DE LEURS SOUFFRANCES

ELLE A ÉTÉ FAITE D'APRÈS LES PLANS ET SOUS LA DIRECTION DE

Mr CHARLES MARTIN

ARCHITECTE DU DÉPARTEMENT DE L'AIN MEMBRE DE LA SOCIÉTÉ D'ÉMULATION DE L'AIN MEMBRE CORRESPONDANT DE LA SOCIÉTÉ ACADÉMIQUE D'ARCHITECTURE DE LYON

M D CCC LXV

Aussitôt la boîte de plomb, contenant le procès-verbal sur parchemin, la série des monnaies d'or, d'argent et de cuivre du règne, après avoir été fermée au fer chaud, fut placée dans la cavité destinée à la recevoir.

L'architecte, alors, présenta la truelle à M. Poisat, qui versa sur la pierre le ciment destiné à la sceller; puis les membres de la famille du donateur, les autorités religieuses, civiles et militaires, les amis du fondateur, déposèrent à leur tour, la truelle en main, leur part du scellement. Tout aussitôt la pierre principale s'abaissa et cacha aux yeux de l'assistance le témoin destiné à raconter aux générations lointaines, en cas de catastrophe ou de ruine l'acte généreux qui venait de s'accomplir.

M. le Curé, assisté du clergé, vint alors appeler sur cette pierre, infime embryon de l'Hospice futur, les bénédictions du Ciel. Les prières dites et l'eau sainte versée, le cortège se remit en marche pour reconduire la Croix à l'Eglise et le Drapeau municipal à l'Hôtel-de-Ville.

Avant de se séparer de la compagnie des Sapeurs-Pompiers et de la Fanfare de la ville, M. Poisat les remercia chaudement de leur précieux concours.

A cinq heures du soir, un banquet somptueux réunissait au château de Saint-Bénigne soixante convives.

Au dessert, le donateur a porté le toast suivant :

Messieurs et honorables amis,

Je porte la santé des autorités civiles et religieuses qui honorent de leur présence cette réunion.

A Monsieur le Maire,

A son Conseil municipal,

A Monsieur le Curé, au clergé de Pont-de-Vaux,

A mes vieux amis,

A mes chers compatriotes !

Quand j'ai quitté, il y aura bientôt cinquante ans, cette maison paternelle, notre bon et beau pays de Bresse, j'avais le cœur bien gros, mais le devoir, l'indispensable devoir de me faire une carrière parlait en maître. Je partis, trouvant ma seule consolation, mon seul espoir dans la pensée qu'un jour peut-être je reviendrais et qu'à un bien-être honorablement acquis, je pourrais joindre une part de cette renommée qui a valu à tant de nos concitoyens un rang parmi les hommes utiles et distingués de la France et une place non moins précieuse dans vos cœurs.

Je brûlais de ce double désir de travailler à ma carrière, tout en cherchant l'occasion de faire dire de moi ce que nous pensons tous de ceux qui ont honoré notre chère ville, de ceux qui l'honorent encore et que nous sommes si heureux de compter aujourd'hui parmi nous.

Dieu a béni mes efforts et mon travail incessant. Au bout de quelques années, j'ai pu, rassuré, sur la première partie de ma tâche, penser à celle qui me tenait non moins au cœur et trouver, dans des fonctions publiques, l'occasion d'être utile à mon pays. Noble but que je n'espérais pas atteindre si tôt !

L'occasion se présenta. J'osai y prétendre, n'ayant cependant d'autre titre bien réel que mon sincère et ardent désir de bien faire et ma confiance dans votre affection pour un enfant du pays.

Grâce à vos bons sentiments et à votre bienveillance, je devins deux fois votre élu. Ma reconnaissance sera éternelle et ma vie entière employée à vous en donner des preuves.

J'étais au comble de tous mes vœux ; la femme adorée que Dieu, dans sa bonté, m'avait donnée pour compagne, partageait mon amour pour mon pays et notre commune pensée était de justifier les honneurs dont vous nous aviez comblés.

D'autres temps sont venus. D'autres idées ont prévalu sur celles que nous avions cru devoir très-sincèrement appliquer pour l'honneur et l'intérêt de notre chère France... J'ai dû me retirer de la vie politique ; mais, en faisant ce grand sacrifice, je n'ai emporté dans mon cœur aucune amertume, aucune prévention, ni contre les hommes, ni contre les choses du présent, et personne plus que moi ne rend hommage et justice aux grands et glorieux actes de l'Empereur et de son gouvernement.

Maintenant je suis presque au bout de ma carrière ; tous mes soins tendent à revenir bientôt vivre parmi vous et à me consacrer entièrement aux choses utiles à mon pays, en continuant les œuvres que ma femme bien-aimée avait entreprises.

La récompense, chers et honorables amis, de toute une vie d'efforts pour bien faire est toute trouvée : elle me sera bien précieuse, si je puis obtenir et conserver à jamais dans vos cœurs et dans vos souvenirs cette place que je rêvais en entrant dans la vie.

Aujourd'hui ne prolongeons pas nos toasts : ménagez la modestie que je dois avoir et renvoyons toutes les félicitations à ce jour heureux et désiré où nous pourrons tous, je l'espère, assister au couronnement de l'édifice.

Ce récit d'une carrière laborieuse, couronnée par le succès, puis assombrie par le deuil, deux fois honorée par les suffrages d'un pays dont le souvenir et l'affection ont été les plus constants mobiles, a trouvé un écho sympathique dans le cœur de tous les convives.

M. André, maire, a porté à son tour un toast « à M. Poisat, bienfaiteur du pays, à la mémoire de sa noble épouse, trop tôt perdue pour toutes les misères qu'elle soulageait. » — Enfin un membre de la famille, un poète mâconnais bien connu, M. Saulnier, a lu les vers suivants, aussi gracieux de forme que délicats de pensée :

Au nom de la famille, honorable assistance,
Je viens porter le toast de la reconnaissance.

Dans cet heureux pays, en ce séjour de paix
Qu'un deuil prématuré contrista pour jamais,

Sous ce toit demeurait une pieuse femme,
Bonne et riche surtout des qualités de l'âme.
Réunissant la grâce à la sage raison,
Elle était la joie et l'honneur de la maison.
Un jour — funeste jour — notre regard avide,
Par les larmes voilé, trouva la maison vide;
La froide mort avait glacé ce cœur pieux.
L'ange s'était, hélas! envolé vers les cieux!
Mais sur nous elle veille. A son pays propice,
Elle fait rayonner sa bonté protectrice;
Les pauvres sont toujours ses enfants d'autrefois:
Son amour les protége. Inspiré par sa voix,
Son époux achevant son œuvre commencée,
Sur la pierre éternelle a traduit sa pensée.
Le seuil hospitalier est bientôt habité,
Bientôt les indigents, y trouvant la santé,
A l'autel confondront dans la même prière
L'épouse dans le ciel et l'époux sur la terre.
Faisons comme eux, ce soir. Honorons à jamais
Ces deux cœurs généreux; célébrons leurs bienfaits
Et, d'un commun élan, unissons-nous pour boire
A notre chère tante, à sa sainte mémoire.

Des bravos unanimes ont prouvé une fois de plus combien le souvenir de Mme Poisat était présent à l'esprit de tous quand il s'agissait d'œuvres de charité.

Puis l'assemblée s'est retirée touchée de l'accueil aimable et bienveillant qu'elle venait de recevoir, comme du mémorable bienfait qui en était l'occasion.

Pendant ce temps, la ville de Pont-de-Vaux avait été spontanément illuminée; de six heures à neuf heures du soir, pas une fenêtre qui ne fût éclairée et resplendissante; c'était la fête des pauvres et tous les

**

habitants s'y associaient avec le plus vif et le plus légitime enthousiasme.

Le vieil Hôtel-Dieu surtout, tout brillant de lumières, semblait étaler avec bonheur, sous ses lignes de feux, ses murailles noircies et décrépies dont le remplacement était désormais assuré.

www.ingramcontent.com/pod-product-compliance
Ingram Content Group UK Ltd.
Pitfield, Milton Keynes, MK11 3LW, UK
UKHW020454220726
13923UKWH00006B/2534

9 782014 458503